Karl Lauer

Ich bin gerührt, sagte der Teig

Buch

Ha! Ha! Schon wieder einer: schräg, flach und vermeintlich originell. So sind die Witze, die Väter, Opas, Schwiegerväter und Onkel regelmäßig zum Besten geben. Keiner entkommt dem Witzeradar. Und irgendwann muss man dann doch lachen, und ohne sie würde etwas fehlen. Eine Sammlung der besten Kalauer, die dem nächsten Familienabend noch einmal eine ganz eigene Dynamik verleihen wird. Spaß garantiert!

Autor

Karl Lauer wurde am 1. April 1968 überraschend als zweiter Zwilling in Schildbürgerstadt geboren, wo er zur Schule ging, zur Arbeit ging, heiratete, Kinder bekam und irgendwann der Idee verfiel, seine Witze zwischen zwei Buchdeckel zu pressen. Nun müssen Familien landauf, landab unter seinem Wissen leiden. Aber was wären Familienfeiern ohne den einen besoffenen Onkel oder den Flachwitz von Papa?

ICH BIN GERÜHRT, SAGTE DER TEIG

Karl Lauer

Papas beste Flachwitze

GOLDMANN

Wir haben uns bemüht, alle Rechteinhaber ausfindig zu machen, verlagsüblich zu nennen und zu honorieren. Sollte uns dies im Einzelfall aufgrund der schlechten Quellenlage bedauerlicherweise einmal nicht möglich gewesen sein, werden wir begründete Ansprüche selbstverständlich erfüllen.

Sollte diese Publikation Links auf Webseiten Dritter enthalten, so übernehmen wir für deren Inhalte keine Haftung, da wir uns diese nicht zu eigen machen, sondern lediglich auf deren Stand zum Zeitpunkt der Erstveröffentlichung verweisen.

Dieses Buch ist auch als E-Book erhältlich.

Verlagsgruppe Random House FSC® N001967

1. Auflage
Originalausgabe November 2019
Copyright © 2019: Wilhelm Goldmann Verlag, München,
in der Verlagsgruppe Random House GmbH,
Neumarkter Str. 28, 81673 München
Illustrationen: neapol/Adobe Stock
Umschlag: Uno Werbeagentur, München
Umschlagmotiv: FinePic®, München
Satz: Uhl + Massopust, Aalen
Druck und Bindung: CPI books GmbH, Leck
Printed in Germany
SSt · CB
ISBN 978-3-442-17848-3
www.goldmann-verlag.de

Besuchen Sie den Goldmann Verlag im Netz

Inhalt

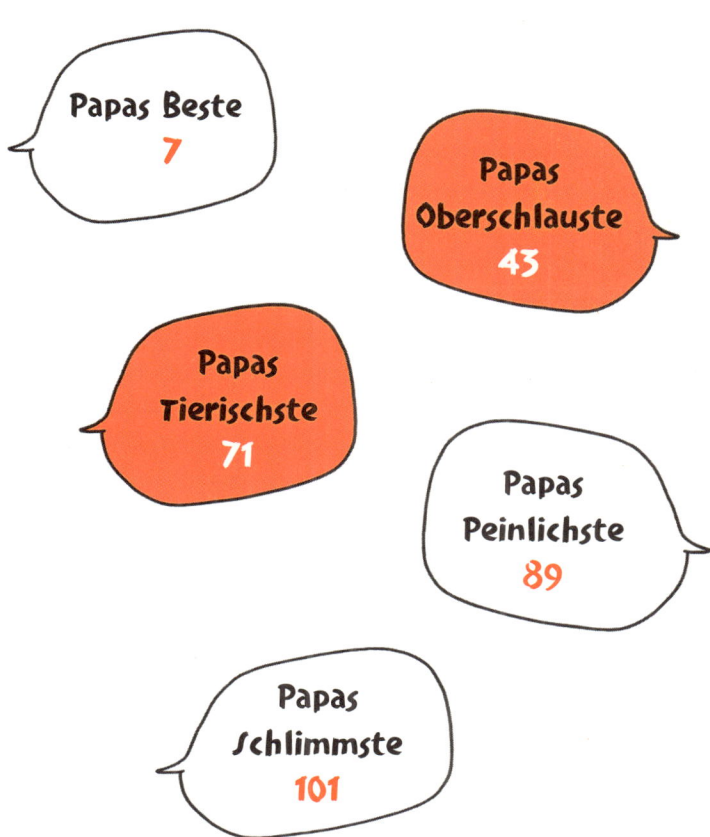

Papas Beste
7

Papas Oberschlauste
43

Papas Tierischste
71

Papas Peinlichste
89

Papas Schlimmste
101

Papas Beste

Steht ein Pils im Wald.
Kommt ein Hase und trinkt es aus.

Sagt die eine Wasserflasche
zur anderen: »Ich fühle mich
so überflüssig!«

> Was ist grün und fliegt
> durchs All?
> Ein Salatelit.

*Kellner: »Es freut mich, dass es Ihnen
geschmeckt hat.
Wie fanden Sie das Steak?«
Gast: »Ganz einfach –
es lag direkt neben den Kartoffeln.«*

Meine Frau: »Kannst du mir Frühstück im Bett machen?«
Darauf ich: »Nein, tut mir leid. Dafür muss ich in die Küche gehen.«

Was kommt aus Lübeck und schwingt sich an Lianen durch den Dschungel? Tarzipan.

· ·

DER PRINZ ANGEPISST:
RAPUNZEL LIESS HARN HERUNTER.

**Hab' bei Spiderman angerufen.
Aber er hatte kein Netz.**

Wo leben viele Gespenster?
In Buhdapest.

Sagt eine Milchflasche zur anderen:
»Wollen wir heiraten und Kinder kriegen?« –
Erwidert die andere Milchflasche:
»Das geht nicht, ich bin pasteurisiert.«

Was lieben Autos zum Nachtisch?
Parkplätzchen.

 In Rußland.

An den Typen, der meine Daunenjacke geklaut hat:
»Du kannst dich warm anziehen.«

Toilettenpapier spielte schon immer eine große Rolle bei mir.

Warum sitzen in Hubschraubern immer zwei Piloten?
Der eine hupt, der andere schraubt.

WAS IST WEISS UND GUCKT DURCHS SCHLÜSSELLOCH? EIN SPANNBETTLAKEN.

Was essen Sanitäter besonders gern?
Rettich.

**Ich gab ihm Limonade.
Fanta gut.**

Was lebt im Dschungel
und schummelt beim Spielen?
Mogli.

**Was heißt Fernsehverbot auf Russisch?
Njetflix.**

Was ist blau
und riecht wie rote Farbe?
Blaue Farbe.

Wie nennt man einen Matrosen,
der sich nicht wäscht?
Meerschweinchen.

»Ich bin heute aus dem Töpferkurs
geflogen. Habe mich wohl im Ton
vergriffen.«

---

*Ich hab' einen DJ angerufen,
aber er hat aufgelegt.*

Bei welchem Fall kann auch
ein Detektiv nicht mehr weiterhelfen?
Beim Durchfall!

Zu welchem Arzt geht Pinocchio?
Zum Holz-Nasen-Ohren-Arzt.

Will ein Neutron in den Club.
Sagt der Türsteher:
»Sorry, heute nur für geladene Gäste!«

Was ist der Unterschied
zwischen einem Sprungbrett?
Je höher, desto platsch.

Laufen zwei Jäger im Wald
um die Wette. Was ruft der,
der zuerst ankommt?
Förster!

Lieber vorbeugen,
als auf die Schuhe kotzen.

Warum ist der Luftballon
kaputtgegangen?
Aus Platzgründen.

Fragt die eine Kerze:
»Sag mal, ist Wasser gefährlich?«
»Davon kannste ausgehen.«

Sagt ein Schneemann zum anderen:
»Lustig, ich rieche auch Karotten.«

Was nimmt ein Blinder
mit ins Schwimmbad?
Einen Sehhund.

**Wer sollte einem nie
die Daumen drücken?
Der Folterknecht.**

Was ist rot und steht am Kopierer?
Der Paprikant.

Gestern habe ich einen Cent gefunden,
heute ist er weg.
War leider nur ein One-Night-Cent.

Meine Frau sagt,
ich hätte zwei Schwächen:
Ich würde nie zuhören
und noch irgendetwas…

Ich glaube, ich habe einen Tinnitus.
Überall nur Pfeifen.

Ich habe mir diesen Winter
zwei Schneeschaufeln gekauft.
Ich parshippe jetzt.

Wie ist das neue Restaurant
auf dem Mond?
Super Essen, keine Atmosphäre.

 Treffen sich zwei Wellen,
sagt die eine:
»Ich glaub, ich muss brechen.«

Was passiert, wenn man bei Ikea klaut?
Man wird vermöbelt.

> *Was schwimmt auf dem Wasser*
> *und ist gesund?*
> *Ein Vollkornboot.*

Warum können Seeräuber keinen Kreis berechnen?
Weil sie Pi raten.

Was sagt Mario,
wenn er auf den Zug wartet?
Mandzukic zu spät.

Sagt die Null zur Acht:
»Schöner Gürtel!«

Wie viele Äpfel
wachsen auf einem Baum?
Alle.

*5/4 aller Leute sagen von sich,
dass sie schlecht im Bruchrechnen sind.*

Was ich richtig gut kann, ist schlafen.
Ich kann es sogar
mit geschlossenen Augen.

Sagt ein Gast zum Kellner:
»Das Steak ist ungenießbar.
Holen Sie den Manager.«
Erwidert der Kellner: »Tut mir leid,
der wird es auch nicht essen.«

Falls du mich suchst:
Ich bin im Eimer.

Was sagt eine DNS zur anderen?
»Glaubst du,
meine Gene machen mich fett?«

**Nur Gläser geliefert:
Brillenträger fassungslos.**

Wer wirft mit Geld um sich?
Der Scheinwerfer.

....

**Was geht durch den Wald
und hat einen fiesen Schnupfen?
Rotzkäppchen.**

*Was ist grün und pocht an der Tür?
Ein Klopfsalat.*

Wer hat in einer guten Ehe
die Hosen an?
Niemand.

Ich habe gestern ein Brötchen angerufen.
War belegt.

Ich habe gestern in einem Hotel
angerufen.
Aber es hatte keinen Empfang.

Treffen sich zwei Magneten. Sagt der eine:
»Was soll ich heute bloß anziehen?«

»Herr Burani, was machen Sie am Geldautomaten?«
»Ich heb ab.«

Treffen sich Eminem und Bushido. Fragt Bushido genervt:
»Ey, willst du mich produzieren oder was?«

Was macht ein Donut beim Zahnarzt?
Er kriegt eine neue Füllung.

**Was passiert,
wenn ein Schlumpf hinfällt?
Er kriegt einen blauen Fleck!**

Was steht auf dem Grabstein eines Schornsteinfegers?
Er kehrt nie wieder.

89 Prozent aller bei Ebay versteigerten Bibeln bekommen mehr als zehn Gebote.

Versauter Vogelforscher?
Pornithologe.

Was macht eine Nuss,
wenn sie niesen muss?
Cash-ew.

Was steht auf dem Herd und ist geheim?
Topf Secret.

> Die Erdrotation
> hat meinen Tag gerettet!

Was sagt eine schwangere Frau beim Bäcker?
»Ich bekomme ein Brot.«

∙ ∙

Der Arme läuft schon wieder im Dreieck.
Ständig hat er Kreislaufprobleme.

Was ist gelb und schwimmt
auf dem See?
Eine Schwanane.

**Sagt der große Stift zum kleinen:
»Wachs mal, Stift!«**

Wie heißt Sonnenuntergang
auf Finnisch?
Helsinki.

Sagt der eine Pickel zum anderen:
»Wie drückst du dich nur immer so schön aus?«

**Neulich in der Metzgerei:
Kein Schwein da.**

Treffen sich zwei Jäger:
Beide tot.

Sagt die Ehefrau: »Ich habe morgen einen Arzttermin, aber ich will nicht hingehen.«
Sagt der Mann: »Sag doch, du seist krank.«

Wie verbrennt man am schnellsten 750 Kalorien?
Indem man die Pizza im Ofen vergisst.

Veganer furzen nicht.
Sie lassen einen Farn.

Was ist gelb und schießt um die Ecke?
Eine Banone.

Was ist braun, klebrig
und läuft durch die Wüste?
Ein Karamel.

Was bekommt man, wenn man einen Schneemann mit einem Brandstifter kreuzt?
Gefrierbrand.

Mein Arzt meint, ich sei farbenblind.
Das kam völlig aus dem Grünen.

**Was ist die am wenigsten
gesprochene Sprache der Welt?
Zeichensprache.**

Was macht eine Wolke,
wenn es sie wo juckt?
Sie fliegt zu einem Wolkenkratzer.

*Mit seinem Bizeps anzugeben
ist schon echt oberarm.*

Was macht ein Pirat am Computer?
Er drückt die Enter-Taste.

Warum freut sich eine Blondine so, wenn
sie ein Puzzle nach 6 Monaten fertig hat?
Weil auf der Packung steht: 2–4 Jahre.

**HABE EINEM HIPSTER
INS BEIN GESCHOSSEN.
JETZT HOPSTER.**

Das Leben ist ein Geben und Nehmen – einer übernimmt sich, der andere übergibt sich.

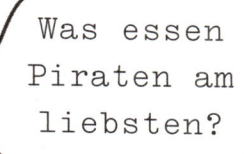 Was essen Piraten am liebsten?

Kapern.

Was ist grün und fliegt über Polen?
Peter Panski.

Geht ein Mann zum Zahnarzt.
Zahnarzt: »Sie brauchen eine Krone.«
Mann: »Endlich versteht mich jemand.«

Wie war die Stimmung in der DDR?
In Grenzen.

Heute wieder einen Brief vom Anwalt
bekommen mit der Aufschrift
»Letzte Mahnung«.
Gut, dass das endlich aufhört.

Kellner zum Gast:
»Hatten Sie Barsch bestellt?«
»Nein, höflich.«

Was steht bei einer Kuh auf dem Grabstein?
»Sie hat ins Gras gebissen.«

Warum müssen Briefträger
zum Drogentest?
Weil sie ständig was einwerfen.

Ein Gerstenkorn – das sollten Sie im Auge behalten.

Was ist blind, grün und spielt hervorragend Klavier?
Kiwi Wonder.

»Sind deine Eltern Diebe?
Du siehst ziemlich
mitgenommen aus.

»Bei mir auf der Arbeit gibt's nur Opfer.« – Jürgen, 47 J., Unfallchirurg.

· ·

Was ist das Gegenteil eines Japaners?
Ein Neinpaner.

Klingelt der eine Nachbar beim anderen und fragt: »Kann ich mir ihre Stereoanlage ausleihen?«
»Aber klar doch, feiern Sie eine Party?«
»Nein, ich möchte einfach mal wieder eine Nacht durchschlafen.«

Habe bei Weight Watchers angerufen.
Hat keiner abgenommen.

Wie begrüßen sich
plastische Chirurgen?
»Was machst du denn heute
für ein Gesicht?«

Polizist zum Autofahrer:
»Ich muss Sie mit zum Alkoholtest
nehmen!«
»Prima. In welcher Kneipe fangen wir an?«

»Ein japanisches Pärchen hat mir heute an der Frauenkirche eine Spiegelreflexkamera geschenkt. Den Rest habe ich nicht verstanden.«

Egal wie laut du Bach hörst –
Heiner hört Lauterbach.

Papas Oberschlauste

Welchen Tisch kann man essen?
Den Nachtisch.

Treffen sich zwei Zapfsäulen.
»Na, wie gehts?« – »Normal, und dir?« –
»Alles super!«

Meine Frau erzählt überall rum,
ich sei Transvestit.
Als ich das mitbekommen hab,
hab ich sofort ihre Sachen gepackt
und bin gegangen.

**Egal, was du kochst.
Karl Marx.**

~~~~~~~~~~~~~~~~~~~~~~~~~

Entschlossen sich zwei Satelliten
zu heiraten.
Die Zeremonie war nichts Besonderes,
aber der Empfang war unglaublich.

· ·

Was hat ein Kannibale
unter der Dusche?
Head & Shoulders.

»HABEN SIE ANGST VOR ASIATEN?« –
»JA, PANISCH.«

> *Welche Handwerker essen am meisten?*
> *Maurer. Die verputzen ganze Häuser.*

Wissenschaftler haben kürzlich herausgefunden, haben dann aber auch wieder hineingefunden.

Wie heißt der Bruder von Werwolf?
Warumwolf.

29 Prozent aller Steuerberater setzen sich regelmäßig ab.

Egal, wie sehr du dagegen bist…
Bruce Willis trotzdem.

Egal, wie gut du fährst…
Züge fahren Güter.

Egal wie jung deine Freunde sind…
Jesus' Freunde waren Jünger.

Egal wie es dir geht…
Bill Gates besser.

Ich versuche ständig,
Gewicht zu verlieren.
Aber es findet mich immer wieder.

Wie viel wiegt ein Hipster?
Ein Insta-Gramm.

Warum lassen sich Taucher immer rückwärts vom Boot ins Wasser fallen? Wenn sie sich vorwärts fallen lassen würden, wären sie immer noch im Boot.

Was ist haarig
und brutzelt in der Pfanne?
Eine Bartkartoffel.

Was ist schwarz-weiß gestreift
und kommt nicht vom Fleck?
Ein Klebra.

Treffen sich zwei Bomben im Keller,
sagt die eine: »Sollen wir hochgehen?«

Welcher Kuchen hat auf alles eine Antwort?
Der Googlehupf.

Der Verbrecher sitzt,
weil er gestanden hat.

Wird ein Vampir bei der
Polizeikontrolle angehalten:
»Haben Sie etwas getrunken?«
»Ja, zwei Radler.«

Was für ein Landsmann
ist der Weihnachtsmann?
Nordpole.

Was machen Mathematiker im Garten?
Wurzeln ziehen.

Was haben Frauen und Handgranaten gemeinsam?
Wenn du den Ring abziehst, ist dein Haus weg.

Wie nennt man einen fetten Veganer?
Biotonne.

Was passiert,
wenn man Cola mit Bier trinkt?
Man colabiert.

ICH HAB EINEN SITZPLATZ ANGERUFEN, ABER ER WAR BESETZT.

Puff.

Ich hab' beim Bäcker angerufen, da ging nur die Mehlbox dran.

Meine Tante ist beim BND, deshalb nennen wir sie Top-Sigrid.

**Welche Tomaten sind am teuersten?
Die Geldautomaten.**

26 Prozent aller Bäcker müssten dringend mal wieder einen Erste-Hefe-Kurs machen.

In welcher Einheit messen Kapitäne?
In Seekunden.

---

*Wie nimmt der Geisterbeschwörer
sein Steak?
Medium.*

Der Richter zum Angeklagten:
»Haben Sie denn nicht an Ihre Zukunft gedacht, als Sie die Jacke gestohlen haben?«
Angeklagter: »Doch, deshalb habe ich sie ja extra zwei Nummern größer geklaut!«

»Mir sind gerade Tomaten durchs Sieb gefallen.« – »Passiert.«

Was sagt der Schah zu seinem Diener, wenn er etwas Warmes trinken will?
»Bring den Teheran.«

»Hast du ein Bad genommen?« –
»Warum, fehlt eins?«

**Wie nennt man einen Lehrling beim Zoll?
Filzstift.**

Was macht ein Beamter als Erstes,
nachdem er hingefallen ist?
Er nimmt die Hände aus den Hosentaschen.

Was ist ein nackter Ritter?
Entrüstet.

98 Prozent aller Fotografen suchen das Objektiv.

In welchem Monat
werden die meisten Kinder geboren?
Im neunten Monat.

Wie nennt man einen unentschlossenen
japanischen Krieger?
Nunja.

Haben Sie schon mal einen Milchbauern begrüßt?
Wenn man dem die Hand gibt,
schüttelt der jeden Finger einzeln.

**Was ist gelb und filmt von oben?
Eine Zidrohne.**

*Unterhalten sich zwei Rosinen.
Irgendwann setzt die eine sich einen Helm
auf. »Wo willst du hin?«
»Muss noch in den Stollen.«*

STIERKÄMPFER IM RESTAURANT?
LOKALMATADOR.

Asiate, der sich in Gebäuden aufhält?
Indoornese.

Was hat die AfD gegen das Internet?
Da sind zu viele Links.

Wie nennt man es,
wenn Bienen diagonal fliegen?
Quersumme.

Mein Arzt hat eine südamerikanische Augenkrankheit bei mir diagnostiziert:
Ich Chile.

*Was sagt der Buddhist
an der Würstchenbude?
»Mach mich eins mit allem.«*

Der Professor hat sich eine Schnitte geschmiert.
Das ist wissenschaftlich belegt.

Ein Systemadministrator schläft nicht –
er root.

Was sind die letzten Worte
eines Mathematikers?
»Damit hab' ich nicht
gerechnet.«

Wie heißt der Plural von Bier?
Kasten.

Welche Sprache spricht man in der Sauna?
Schwitzerdeutsch.

Was isst der Dalai Lama zum Frühstück?
Ein Buddhabrot.

Wie vermehren sich Autos?
Durch Fordpflanzung.

**WAS KOMMT NACH ELCH?
ZWÖLCH.**

Was ist klug und hängt am Baum?
Ein Gymnasiast.

*Der Briefträger schaut so komisch.
Der hat sicher was eingeworfen.*

»Kannst du meine Uhr aufheben?«
»Tut mir leid,
ich habe kein Uhrheberrecht.«

Wie nennt man einen Franzosen,
der Sandalen trägt?
Philippe Flop.

Ein Priester wird auf der Landstraße
von der Polizei angehalten.
Polizist: »Haben Sie etwas getrunken?«
Priester: »Nur Wasser.«
Polizist: »Warum riechen Sie dann nach Wein?«
Priester: »Oh Gott, er hat es schon wieder getan!«

Wann gehen U-Boote unter?
Am Tag der offenen Tür.

Ich kenne einen Fahrradwitz,
aber den fahrrad ich dir nicht.

....

*Egal, wie dicht du bist:
Goethe war Dichter.*

Was macht ein Mathematiker
auf der Skipiste?
Mit Brüchen rechnen.

»Mr. Yoda, können Sie uns
was zum schiefen Turm von Pisa sagen?«
»Gerade nicht.«

```
Genitiv ins Wasser,
weil es Dativ ist.
```

Was trinken Firmenchefs am liebsten?
Leitungswasser.

Was macht ein Mathematiker auf dem Klo?

Pi, Pi.

> Warum müssen Studenten um sieben Uhr aufstehen?
> Weil um acht Uhr die Läden schließen.

Wie nennt man den Flur eines Iglus?
Eisdiele.

Was hat zwei Beine und kann nicht laufen?
Eine Hose.

Wie hört die Nacht auf?
Wie fängt der Tag an? –
T. Mit einem T.

Was ist die Telefonnummer der NASA?
10 9 8 7 6 5 4 3 2 1

Stiftung Warentest hat Besteck getestet.
Messer haben am besten abgeschnitten.

Fragt ein Mann den Schaffner:
»Wie lange hält der Zug?« –
»Wenn Sie ihn gut pflegen,
dreißig Jahre.«

Patient: »Herr Doktor,
ich bin so vergesslich geworden.« –
»Okay, ich verstehe.« –
»Was verstehen Sie?«

Wie kommt ein Schneemann auf die Welt?
In Schneewehen.

Was ist das Gegenteil von »Katalog«?
KatasagtedieWahrheit.

---

*Die meisten Astronauten
sind mir zu abgehoben.*

Sagt der Kaffee zur Sahne:
»Komm doch rein!« – »Na gut,
eh ich mich schlagen lasse.«

---

93 Prozent aller Pilzzüchter glauben,
dass der größte Queen-Hit
»We are the Champignons« hieß.

....

*Kann man eine Barkassenfahrt auch
mit Kreditkarte bezahlen?*

Was ist der Unterschied zwischen
Tennis und Bungee-Jumping?

Was sagst du, wenn du auf Englisch zwei Bier bestellen möchtest?
Tobias.

Beim Tennis kann man mehr als einmal aufschlagen.

Papas Tierischste

Warum gehen Ameisen nicht in Kirchen?
Weil sie Insekten sind.

Was sitzt auf einem Baum und
schreit »Aha«?
Ein Uhu mit Sprachfehler.

· ·

Sein Hund war heute sehr kurz angebunden.

Warum fliegen Vögel im Winter gen Süden?
Weil es einfacher ist, als zu Fuß zu gehen.

**WAS SITZT IM BAUM UND WEINT?
EINE HEULE.**

Warum legen Hühner Eier?
Wenn man sie schmeißt,
gehen sie zu schnell kaputt.

> Ein Elefant trifft auf der Straße
> einen nackten Mann.
> Sagt der Elefant:
> »Und damit willst du essen?«

»Der Vogel fliegt ja immer langsamer.«
»Kein Wunder: Das ist eine Drossel.«

WELCHE TIERE WISSEN IMMER,
WIE SPÄT ES IST?
UHRZEITKREBSE.

Wie nennt man ein Krokodil,
das sich in der Gegend gut auskennt?
Navigator.

Was ist weiß und kann fliegen?
Biene Mayo.

Was macht mus, mus, mus?
Eine Biene im Rückwärtsgang.

> Was ist schwarz-weiß
> und sitzt auf der Schaukel?
> Ein Schwinguin.

Welcher Affe wird nicht nass?
Der Schirmpanse.

Wie heißt das Reh mit Vornamen?
Kartoffelpü.

Was kann schwimmen und fängt mit »Z« an?
Zwei Enten.

Wie nennt man ein Rudel Wölfe?
Wolfgang.

Was ist niedlich,
hüpft über die Wiese und qualmt?
Ein Kaminchen.

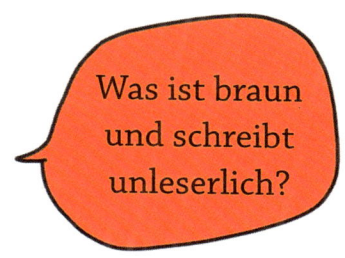

Was ist braun und schreibt unleserlich?

Der Kritzlibär.

Was schwimmt im Meer und
kann addieren?
Ein Oktoplus.

Kommt ein Frosch in die Molkerei. –
Was wünschen Sie? – Quak!

Warum sieht man nie Elefanten,
die sich in Bäumen verstecken?
Weil sie so gut darin sind.

Was sagt das Zebra zum Klavier? –
»Papa?«

Wie bringt man einen Hund dazu,
nicht mehr auf dem Rücksitz zu bellen?
Ganz einfach: Man lässt ihn vorne sitzen.

Wie nennt man ein weißes Mammut?
Hellmut.

Von wem träumen Katzen?
Vom Muskelkater.

**Was sagte der Spinnenvater zum Spinnenkind?
»Du verbringst zu viel Zeit im Netz.«**

Gestern aß ich einen Clownsfisch.
Schmeckte komisch.

Was sagt der Vogel im Käfig?
»Ich bin ein Star, holt mich hier raus!«

Was kann fliegen und hat vier Beine?
Zwei Vögel.

Warum haben Fische Schuppen?
Damit sie ihre Fahrräder unterstellen können.

Wie klingelt der Affe an der Tür?
King Kong, King Kong.

Was fürchten Fische
am meisten?
Anti-Schuppen-Shampoo.

**IST DER FISCH IMMER SO NERVIG?
JA, ER IST EIN STÖR.**

· ·

Was steht auf der Weide und stinkt?
Ein Müffel.

Treffen sich ein Thunfisch und ein Walfisch. Fragt der Walfisch: »Was wollen wir tun, Fisch?« Darauf der Thunfisch: »Du hast die Wahl, Fisch.«

Was machen zwei wütende Schafe?
Sie kriegen sich in die Wolle.

Was sitzt auf einem Baum und winkt?
Ein Huhu.

Die Ziege ist alleinstehend.
Sie hat einfach keinen Bock.

Nennen Sie ein Beuteltier mit mehr als zehn Buchstaben.
Staubsauger.

WIE NENNT MAN EINEN HUND, DER ZAUBERN KANN? EINEN LABRAKADABRADOR.

Wie nennt man einen völlig unwichtigen Elefanten? Irrelefant.

Vor welchem Tier hat jeder Löwe Angst? Vor der Löwin!

Was macht der Lachs im Rhein? Er studiert Chemie!

Was ist grün, hüpft durch das Gras
und freut sich? –
Eine Freuschrecke.

Wie nennt man einen versauten Seemann?
Meerschweinchen.

46 Prozent aller Dackel bellen Vivaldi.

18 Prozent aller Bienen
schließen die Uni
mit Summa cum laude ab.

Ein Affe, der sich von Apfelsinen ernährt?
Ein Orange-Utan.

Warum summen Bienen?
Weil sie den Text vergessen haben.

Warum trinken Mäuse keinen Alkohol?
Weil sie Angst vor dem Kater haben.

Gehen zwei Zahnstocher durch den
Wald. Da kommt ein Igel vorbei.
Sagt der eine zum anderen:
»Wusstest du, dass hier ein Bus fährt?«

Treffen sich zwei Tiere im Wald.
Sagt das eine:
»Ich bin ein Wolfshund.
Mein Vater war ein Wolf,
meine Mutter ein Hund.
Und was bist du?« –
»Ein Ameisenbär.«

Was isst der Biber zu Abend?
Steg.

**IN WELCHER EINHEIT MESSEN
HUNDE DIE TEMPERATUR?**
In Belgrad.

Was liegt am Strand
und hat einen Sprachfehler?
Eine Nuschel.

*Was liegt am Strand, hat einen Sprachfehler und schlechte Laune?
Eine Miesnuschel.*

Was liegt am Strand, hat einen Sprachfehler und ist erkältet?
Eine Niesnuschel.

Was ist der Unterschied zwischen einem
Schwarzbär und einem Grizzly?
Der Schwarzbär kommt zu dir rauf,
der Grizzly schüttelt dich runter.

Papas Peinlichste

> *Was machte man früher
> mit vollgeschossenen Filmen?
> Man schickte sie in Entwicklungsländer.*

Der Dirigent bei der Orchesterprobe:
Alle Bläser, die noch keinen Ständer
haben, gehen jetzt bitte hoch und
holen sich einen runter.

Sagt die Mutter zu ihrem Sohn:
»Du hast zwei Ausdrücke, die will ich
nicht mehr hören. Der eine ist saublöd,
der andere ist zum Kotzen.« –
»Und welche meinst du nun?«

**Wie zeigt ein Mann,
dass er Zukunftspläne macht?
Er kauft zwei Kisten Bier.**

Treffen sich zwei Voyeure. Fragt der eine: »Und was machst du heute noch so?« Darauf der andere: »Och, mal gucken.«

**Wie nennt man Sex
an der Tankstelle?
Aralverkehr.**

Zwei Kumpels trinken Bier in einer Kneipe.
Sagt der eine: »Dein Hosenstall ist offen.«
Sagt der andere: »Ja, habe Bereitschaft.«

Wie nennt man ein Mannequin
mit nasser Hose?
Ein Auslaufmodell.

*Vor welchem Tier haben Frauen
am meisten Angst?
Einem Vergewaltiger.*

Was haben Elektriker in der Hose?
Einen Kurzen.

*»Wie wusstest du,
dass deine Frau die Richtige für dich ist?« –
»Sie hat es mir gesagt.«*

Ein junges Ehepaar sitzt in einem Restaurant, als ein Tablett mit Tellern zu Bruch geht. Sagt der Mann: »Schatz, hör mal, sie spielen unser Lied.«

Wie kastriert man einen Kühlschrank?
Tür auf, Eier raus, Tür zu.

Meine Frau sieht immer nur das Negative. Ich hatte an den Kindersitz, den Kinderwagen und die Windeltasche gedacht. Und sie redet nur die ganze Zeit von dem, was ich vergessen habe – das Baby.

Die Frau beobachtet ihren Mann dabei, wie er auf der Waage den Bauch einzieht. »Ha, das wird nicht helfen.« – »Aber klar! Nur so kann ich die Anzeige sehen!«

Jürgen fragt seinen Sohn:
»Hast du eigentlich jetzt eine feste Freundin?« – »Nein, ich habe immer noch die wabblige.«

Woran erkennt man Herrenschokolade?
An den Nüssen.

Was haben Ehefrauen und Dachpappe gemeinsam? Wenn man sie nicht fest genug nagelt, liegt sie drüben beim Nachbarn.

Was ist das demokratischste Kleidungsstück?
Der BH.
Stützt die Großen, stärkt die Kleinen und hält die Massen zusammen.

Fragt ein Mann den Schaffner:
»Wie funktioniert eigentlich der Antrieb des Zuges?«
»Danke, gut.«

Sagt ein Mann zum Metzger:
»Ich hätte gerne Stierhoden.«
Erwidert der Metzger:
»Ich auch.«

Was sagt ein Schizophrener nach dem Sex?
»Wer war ich?«

Warum ist der Zirkusdirektor sauer auf seine Tochter?
Weil er sie beim Clown erwischt hat.

Was heißt Prostituierte
auf Italienisch?
Nutella.

»Ey, was hältst du von Frauenfußball?«
»Finde ich beides gut.«

Alkohol macht dumm und gleichgültig? Verstehe ich nicht, ist mir aber auch egal.

Papas Schlimmste

»Die Beerdigung von Günther ist nun doch erst am Montag.« – »Ach, geht's ihm wieder besser?«

Welches Geräusch macht eine 747, wenn sie auf dem Boden aufprallt? Boe-ing, Boe-ing, Boe-ing.

Unterhalten sich zwei Männer. Fragt der eine: »Wie heißt denn dein Auto?« Erwidert der andere: »Storch. Weil es so klappert.«

»Ich möchte gerne ein Millionär sein,
so wie mein Vater.« – »Ist der Millionär?« –
»Nein, aber er wäre es gerne.«

Meine Frau hat sich zu Weihnachten
ein Streichinstrument gewünscht.
Habe ihr ein Buttermesser geschenkt.

**WAS MACHT MAN, WENN DER EHE-
MANN IM GARTEN ZICKZACK LÄUFT?
WEITERSCHIESSEN.**

Was ist weiß und stört beim Frühstück?
Eine Lawine.

Was sagt man jemandem, der 25 Jahre nicht mehr geraucht und getrunken hat?
»Alles Gute zur Silbernen Hochzeit.«

---

89 Prozent aller Holzwurm-Muttis schicken ihre Kinder abends ins Brettchen.

・・・・・・・・・・・・・・・・・・・・・・・・・・・・・・・・・・・

Kommen zwei Kinder in eine Drogerie. »Unser Papa ist in einen Bienenstock gefallen.« Antwortet die Verkäuferin: »Braucht ihr Salbe?« – »Nein, einen Farbfilm.«

Was macht ein Mann ohne Beine?
Sackhüpfen.

Eine Familie geht zu einer Vernissage verschiedener Maler.
Sagt der Vater am Ende zu einem der Künstler: »Ihre Bilder waren die einzigen, die man sich anschauen konnte.« Entgegnet der Maler: »Oh, vielen Dank.« Sagt der Vater: »Vor den anderen standen immer so viele Leute.«

Was haben eine verbrannte Pizza, gefrorenes Bier und eine schwangere Frau gemeinsam? Da hat irgendein Idiot das Ding zu spät rausgeholt.

»Herr Wagner, Sie sollten Ihre Gardinen zuziehen. Gestern Abend konnte die ganze Nachbarschaft sehen, wie Sie Ihre Frau geküsst haben.« – »Ha, gestern Abend war ich doch gar nicht zu Hause.«

»Schatz, mit der neuen Brille gefällst du mir gar nicht.« –
»Ich habe doch gar keine Brille auf.« –
»Aber ich.«

Unterhalten sich zwei Ehemänner.
Sagt der eine: »Ich habe meiner Frau
ein Auto gekauft, das beschleunigt
von 0 auf 100 in sechs Sekunden.«
Erwidert der andere:
»Das habe ich neulich auch geschafft.« –
»Hast du deiner Frau auch ein Auto gekauft?« –
»Nein, 'ne Waage.«

Eine Frau kommt vom Arzt.
Fragt ihr Mann: »Na, was hat er gesagt?« –
»Dreißig Euro.« –
»Nein, was du hattest?« – »Zwanzig Euro.« –
»Nein, was dir fehlte!« –
»Zehn Euro.«

Neulich hab ich das Bad so doll geputzt, dass es geblitzt hat! Jetzt ist der Lappen weg.

Was hat 1000 Beine
und kann doch nicht gehen?
500 Hosen.

Treffen sich zwei Spanner. Sagt der eine:
»Und, was machst du heute so?«
»Sagt der andere: Mal schauen!«

**Wie heißt Bruce Lees veganer Bruder?
Broko Lee.**

Meine Tochter schimpft: »Papa, du hast
kein einziges Wort von dem gehört,
was ich gesagt habe, stimmt's?«
Was für ein unhöflicher Gesprächseinstieg!

Hier sind drei ungeschriebene
Gesetze des Lebens:
1.
2.
3.

Eine schüchterne Milch.

**WIE NENNT MAN
EIN TRAURIGES KONDOM?
EIN WEINGUMMI.**

Wie lautet das Gegenteil
von Leergut?
Vollschlecht.

～～～～～～～～～～

Ich habe jetzt erst herausgefunden,
dass meine Frau eine Zwillingsschwester hat.
Ich habe sie auf Tinder entdeckt.

• •

Geht ein Cowboy zum Friseur.
Als er wieder rauskommt: Pony weg!

**WAS ISST EIN COMPUTER-NERD AM LIEBSTEN?
HACK-FLEISCH.**

Was ist ein Cowboy ohne Pferd?
Ein Sattelschlepper.

**Was ist eine Brillenschlange ohne Brille?
Eine Blindschleiche.**

*Sagt die eine Wand zur anderen:
»Wir treffen uns an der Ecke!«*

Wie nennt man einen Ritter ohne Helm?
Wilhelm.

**Oma im Ofen vergessen:
Hilde gart.**

*Was sucht ein Einarmiger
in der Fußgängerzone?
Einen Secondhandshop*

Was ist bunt, süß
und nicht ganz so schlau?
Ein Dummibärchen.

Was ist rot und schlecht für die Zähne?
Ein Ziegelstein.

Alle Kinder rennen aus dem Kino –
außer Abdul, der klemmt im Klappstuhl.

---

*Ich bin gerührt,
sagte der Teig.*

Was sagt ein Franzose mit Glatze?
»Isch abe Arschwund.«

Ein Mann kommt seine Frau nach zwei Stunden im Kosmetiksalon abholen.
Er schaut sie an und sagt: »Na gut, du hast es wenigstens versucht.«

....

**Wie lautet der kürzeste Witz der Welt?
Brennholzverleih.**

Man sagt, Wein wird mit den Jahren besser. Aber ich bin schon 50 und kann ihn immer noch nicht leiden.

Was ist ein Keks unter einem Baum?
Ein schattiges Plätzchen.

**KOMMT EIN MANN IN EINEN SPIELWARENLADEN:
EIN GEDULDSPIEL BITTE,
ABER ZACK, ZACK!**

```
Wer im Glashaus sitzt,
sollte im Keller pinkeln.
```

Treffen sich zwei Gurken im Glas.
Sagt die eine:
Lass mich auch mal ans Fenster!

Was ist groß, braun
und schwimmt am Meeresboden?
Ein U-Brot.

....

Wie heißt ein Spanier ohne Auto?
Carlos.

Mein Arzt verschrieb mir, nach einem heißen
Bad zwei Gläser Rotwein zu trinken.
Aber ich schaffe es nicht mal,
das ganze Badewasser zu trinken.

Meine Frau denkt, ich würde ihr nicht genügend Privatsphäre lassen. Das schreibt sie zumindest in ihrem Tagebuch.

Gestern habe ich meinen Platz im Bus einem Blinden angeboten. Heute habe ich meinen Job als Busfahrer verloren.

Egal, wie leer du im Kopf bist... manche Leute sind Lehrer.

Egal, wie tief du sinkst... Pavarotti singt tiefer.

> *Was sagt ein Taifun zur Palme? –*
> *»Halt die Nüsse fest, jetzt wird geblasen!«*

```
Neun von zehn Kollegen mögen
Mobbing.
```

Fragt der Sohn den Vater:
»Papa, was ist ein Zaunkönig?« –
»Irgend so ein doofer Fisch.«
»Aber hier im Buch steht, der hüpft
von Ast zu Ast.« –
»Da kannste mal sehen,
wie blöd der ist.«

Sagt ein Therapeut bei der Eheberatung zur Gattin: »Sagen Sie Ihrem Mann einen Satz mit den Worten ›Du Hengst‹.«
Sagt die Frau: »Du hengst nur noch auf dem Sofa rum.«

»Papa, da ist jemand an der Tür und sammelt fürs Schwimmbad.« – »Gib ihm ein Glas Wasser.«

Habe ein Buch über Kleber gelesen. Konnte es nicht aus der Hand legen.

Was sagt der Überfahrene zur Dampfwalze?
»Da bin ich aber platt.«

Was macht eine Bombe in Treppenhaus?
Hochgehen.

Habe mir neulich ein Dach gekauft.
Ging aufs Haus.

WAS RANDALIERT
AUF DEM FUSSBALLPLATZ?
DAS FOULTIER.

»Was machst du beruflich?«
»Ich bin Lehrer.«
»Oh schön! Und was unterrichtest du?«
»Idioten.«

Was wickelt wirklich jeden um den Finger?
Toilettenpapier.

Was ist grün und guckt
durchs Schlüsselloch?
Ein Spionat.

Als ich meinem Sohn erzählte, dass ich nach Karl Adenauer benannt wurde, meinte er: »Aber Papa, du heißt doch Günther!« – »Das stimmt, aber ich wurde nach Karl Adenauer benannt.«

Was ist das Beste daran,
wenn man in der Schweiz wohnt?
Keine Ahnung, aber die Flagge
ist ein großes Plus!

Was steht hinterm Baum und schmollt?
Saure Milch.

---

*Wie nennt man einen Mann,
der Schafe schlägt?
Mähdrescher.*

Unterhalten sich zwei Luftballons
in Mexiko. Sagt eine: »Vorsicht, ein
Kaktus!« Erwidert der andere:
»Das macht doch nichtsssssssssss.«

Mit Kontaktlinsen.

Egal, wie albern du bist,
manche Menschen sind Albaner.

Egal, wie viele CDs du hast,
Daimler hat Mercedes.

**Wer hat das Sagen auf Sylt?
Der Syltan.**

WAS HABEN KERMIT, DER FROSCH,
UND ATTILA, DER HUNNE,
GEMEINSAM?
DENSELBEN ZWEITEN VORNAMEN.

Stehen zwei Kerzen am offenen Fenster. Sagt die eine: »Ist ganz schön gefährlich mit dem Luftzug.« Erwidert die andere: »Kannste von ausgehen.«

»Papa, weißt Du, was der Hammer ist?« – »Nein.« – »Ein Werkzeug.«

»Du bist doch Vegetarier.
Und trotzdem trinkst du Alkohol?«
»Ja, warum?«
»Da ist doch auch etwas Tierisches drin:
der Kater am nächsten Morgen!«

Wie nennt man eine Gruppe
wild gewordener Reinigungskräfte?
Wischmob.

Wie nennt man jemanden,
der nur so tut,
als würde er werfen?
Scheinwerfer.

**Ich kann an einer Hand abzählen,
wie oft ich in Tschernobyl war.**

»Der Weg von der Umkleide zum Ring
ist so weit«, mault der Boxer.
»Mach dir keinen Kopf«, sagt der Trainer,
»zurück wirst du sowieso getragen.«